SPANISH LIT
Volum

SELECTED READINGS IN EASY SPANISH

Selected, translated and edited by:
Álvaro Parra Pinto

EDICIONES DE LA PARRA
Caracas, Venezuela 2012

*Copyright © 2012 by Alvaro Parra Pinto.
All rights Reserved*

Selected Readings In Easy Spanish Vol. 1

ALL RIGHTS RESERVED:

This book may not be reproduced in whole or in part, by any method or process, without the prior written permission from the copyright holder. Unauthorized reproduction of this work may be subject to civil and criminal penalties.

Copyright © 2012 by Alvaro Parra Pinto. All rights Reserved

ISBN-13: 978-1481291583

ISBN-10: 1481291580

Amazon Author page:
http://amazon.com/author/alvaroparrapinto

SPANISH LITE SERIES

Selected Readings In Easy Spanish Vol. 1
Intermediate Level

This volume was written in simple, easy Spanish for intermediate language students. Fun and easy to read, it includes a selection of pages from the following best-sellers:

THE THREE MUSKETEERS by Alexandre Dumas

Page 1

FIVE WEEKS IN A BALLOON by Jules Verne.

Page 17

TARZAN OF THE APES by Edgar Rice Burroughs

Page 27

THE METAMORPHOSIS by Franz Kafka

Page 37

WUTHERING HEIGHTS by Emily Brontë

Page 45

FRANKENSTEIN by Mary Shelley

Page 55

All texts were translated, edited and simplified to increase language comprehension and ease reading practice with simple wording, short sentences, and moderate, intermediate-level vocabulary.

AMAZON REVIEWS

ANOTHER SIMPLE WAY TO INTEGRATE SPANISH

My Spanish 2 and 3 students are always looking for ways to practice and increase their Spanish knowledge. We often make use of novels, so it's great to find another easy, inexpensive resource that they'll find interesting, since many of the texts they've already read in English. There are classics, that have been shortened to be easy to read, but not so summarized that it feel "cliffnote-y" (is that a word?).

I'll be recommending these to my students immediately, before the fall semester starts. Great use of the summer months.

Sra. Gose
Bilingual Mother of Five - Teacher, Author of the Flip Flop Spanish Series

GREAT HELP

This was fantastic. I have been learning Spanish for a long time and this was such a great book. It has helped me so much I can't thank the author enough for writing this. It had everything in it that I had expected and more. I have bought so many books on this and none have been as helpful as this one. I would totally recommend it and give it 5 stars.

Emily Leanne Lane
U. S. Spanish student

Spanish Lite Series

1-LOS TRES MOSQUETEROS

Alexandre Dumás (1802-1870)

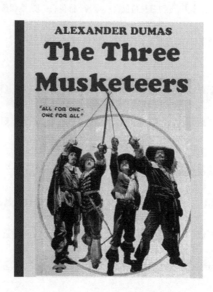

1

EL DÍA QUE CUMPLIÓ DIECIOCHO AÑOS de edad, el joven D'Artagnan les dijo a sus padres que se marcharía a París en busca de fortuna.

Antes de abandonar su villa natal, su padre le regaló un magnífico caballo de pelaje amarillo y le dijo:

—Si visitas la corte, hijo mío —le dijo—, con el derecho que te otorga nuestra antigua nobleza, deja en alto nuestro nombre. Ha sido dignamente llevado por nuestros antepasados desde hace más de quinientos años.

—Lo haré, padre…

—Te enseñé a ser un honorable caballero y a manejar la espada mejor que nadie. Ahora toma estos quince escudos… No puedo darte más nada, excepto mi caballo y mis consejos… espero que sean suficientes…

El viejo le dio a su hijo las monedas en una bolsita de cuero.

—Gracias, padre –dijo el joven tomando el presente.

—Cuídate bien, querido hijo. Tu querida madre te dará la receta de un antiguo bálsamo que le dio una gitana y que tiene una virtud milagrosa de curar cualquier herida que no alcance el corazón.

El padre del joven sacó un sobre del bolsillo de su abrigo y se lo mostró al joven.

—Antes de irte, hijo, toma esta carta –le dijo entregándosela—. Está dirigida a Monsieur de Tréville, capitán de los mosqueteros del rey. Como sabes, es un viejo amigo mío que de niño tuvo la suerte de jugar con nuestro rey Luis XIII. Dale la carta y seguramente te ayudará a establecerte en París...

Padre e hijo se despidieron con un fuerte abrazo.

El joven D'Artagnan salió de la habitación paterna y guardó la carta.

Afuera lo esperaba su madre, quien le entregó la famosa receta. Entre lágrimas, ella lo llenó de bendiciones y lo vio partir.

2

Después de un largo viaje lleno de imprevistos, D'Artagnan finalmente llegó a la puerta de Saint-Antoine de París. Al ver que su caballo estaba tan cansado que ya no podía dar un paso, lo vendió por tres escudos y entró caminando a la ciudad. Cansado por el viaje, consiguió un lugar donde pasar la noche y durmió como un lirón, confiando en el presente y lleno de esperanza en el porvenir.

El día siguiente, preguntó dónde podría encontrar al señor de Tréville y se dirigió al palacio del famoso cortesano. Ubicado en la calle del Vieux-Colombier, el grandioso edificio servía de cuartel general de los mosqueteros.

Cuando el joven D'Artagnan llegó a la calle del Vieux-Colombier y vio la entrada del palacio quedó sorprendido. Había al menos cincuenta mosqueteros armados. ´Al palacio entraban y salían muchas personas. Aquello era impresionante, sobre todo para un provinciano como él.

Al cruzar la puerta, un mosquetero le preguntó qué buscaba. D'Artagnan le contestó que quería solicitar una audiencia con el señor de Tréville, quien era amigo de su padre. El mosquetero lo condujo a la antecámara y le dijo que esperara su turno.

El señor de Tréville tenía su despacho en el segundo piso del palacio. Ahí recibía visitas, escuchaba quejas, daba órdenes y, como el rey en su balcón del Louvre, no tenía más que asomarse a la ventana para pasar revista a sus hombres.

D'Artagnan no pudo creerlo cuando finalmente entró al despacho y tomó asiento frente al enorme escritorio de caoba. Después de saludar respetuosamente al capitán y decirle que venía de parte de su padre, se escucharon unas risas. El capitán hizo un gesto con la mano, como diciéndole al joven que esperara un poco, y gritó con voz clara y potente:

—¡Athos! ¡Porthos! ¡Aramis!

Casi de inmediato, tres mosqueteros entraron corriendo al despacho.

—Mande usted, mi capitán –dijo Aramis en nombre de los tres.

El joven D'Artagnan quedó admirado con la presencia de aquellos honorables y fuertes mosqueteros. Los veía como si fueran semidioses, y a su capitán como si fuera un Júpiter olímpico armado de todos sus rayos.

—¿Saben ustedes lo que me dijo el rey anoche? —exclamó dirigiéndose a los tres evidentemente molesto—, ¿Lo saben, caballeros?

—No —respondió Athos.

—No, señor, lo ignoramos —dijo Porthos.

—¡Me dijo que de ahora en adelante sólo reclutará sus mosqueteros entre los guardias del cardenal!

—¡Entre los guardias del cardenal! —repitió Porthos horrorizado.

—¿Y eso por qué? —preguntó vivamente Aramis.

—¡Porque ustedes insisten en hacerme quedar mal! —dijo el capitán—. El rey se enteró que tres de nuestros mejores mosqueteros anoche hicieron un escándalo en una taberna de la calle Férou. Al parecer, estaban tan embriagados que la guardia del cardenal tuvo que detenerlos. ¡Diablos! ¡Hubo una pelea y la guardia le ganó a mis hombre! ¿Pueden creerlo?

Nadie dijo nada.

—¡Eran ustedes, sinvergüenzas, no lo nieguen! –agregó el capitán con furia— ¡Los reconocieron y me dieron sus nombres! ¡Maldita sea! Es culpa mía, sí, culpa mía, porque soy yo quien elijo a mis hombres. ¡Ya son demasiadas quejas! Así que ya tomé mi decisión. Ahora mismo iré al Louvre a presentar mi renuncia como capitán de los mosqueteros del rey y pediré un tenientazgo entre los guardias del cardenal. Y si me rechaza, por todos los diablos, ¡me haré abad!'

El capitán estaba furioso.

D'Artagnan sintió ganas de esconderse. Incluso pensó en la posibilidad de meterse debajo de la mesa, todo con tal de escapar de aquella situación.

—Disculpe, mi capitán —dijo Porthos —, pero nosotros dimos la batalla… Íbamos ganando cuando hirieron a Athos… y para no empeorar las cosas preferimos entregarnos…

—¿Lo hirieron? —preguntó con preocupación mirando a Athos—. ¿Los guardias del cardenal hirieron a uno de mis hombres? ¿Es eso cierto?

—Es cierto, capitán —dijo Athos, llevándose la mano al pecho con evidente dolor—. La verdad es que no me siento nada bien…

—¡Qué se han creído esos guardias! —exclamó el capitán golpeando su escritorio con el puño cerrado.

En ese momento Athos se desmayó y quedó tendido en el suelo.

—¡Un médico! —gritó el señor de Tréville alarmado—. ¡Un médico! ¡Maldita sea! ¡Athos se nos muere!

Segundos después, un cirujano entró corriendo y examinó la herida del pobre mosquetero. Dijo que era superficial y pidió que lo trasladaran a una habitación vecina para cambiarle las vendas.

Porthos y Aramis cargaron a su semiconsciente compañero y salieron del despacho con el cirujano, quien cerró las puertas después de salir.

El señor de Tréville clavó sus ojos sobre el joven D'Artagnan, quien pacientemente y en silencio aún esperaba su audiencia.

—Disculpa, hijo —le dijo sonriente—. Por un momento olvidé que estabas aquí. ¡Un capitán no es nada más que un padre de familia cargado con una responsabilidad mayor que la de un padre de familia normal! Algunos de mis mosqueteros parecen niños grandes... sobre todo esos tres... son mis mejores hombres, es verdad, pero también son los que más se meten en problemas...

D'Artagnan no pudo disimular una sonrisa.

—Y ahora dime —siguió diciendo el señor de Tréville—, ¿cómo está tu padre? Siempre fuimos grandes amigos. ¿En qué puedo ayudarte?

—Monsieur de Tréville —dijo D'Artagnan respetuosamente—, mi mayor deseo es que usted me permita servir al reino como mosquetero.

El capitán agitó la cabeza negativamente.

—Lo siento, hijo, pero por órdenes de Su Majestad no puedo recibir a nadie como mosquetero a menos que haya participado en alguna campaña, haya realizado alguna acción heroica o haya servido al menos dos años en algún otro regimiento menos favorecido que el nuestro.

D'Artagnan bajó la mirada. ¡Ahora más que nunca quería ser mosquetero!

—Quiero ayudarte —siguió diciendo el capitán—, por tu padre, mi viejo amigo y compañero. ¿Qué necesitas? ¿Dinero quizás?

D'Artagnan se irguió y sacudió la cabeza. Él no aceptaba limosnas de nadie.

—Está bien, hijo, está bien —continuó Tréville riendo brevemente—. Veo que eres tan orgulloso como yo lo era cuando vine por primera a París. Yo llegué con cuatro escudos en mi bolsillo, y me hubiera batido con cualquiera que me hubiera dicho que no me hallaba en situación de comprar el Louvre.

D'Artagnan pensó que; gracias a la venta de su caballo, al menos él tenía cuatro escudos más de los que tenía el señor de Tréville cuando llegó a París.

—Hoy mismo le escribiré una carta al director de la Academia Real para que te reciba sin costo alguno. Aprenderás el manejo del caballo, esgrima y danza; además de modales y conocimientos generales. Después de eso consideraré tu ingreso nuevamente. Y mientras tanto quiero que sepas que mi palacio siempre estará abierto para ti.

Al terminar la audiencia, D'Artagnan salió corriendo y, sin querer, tropezó con Athos, quien ya se había recuperado.

Aquel desafortunado tropiezo desató una serie de discusiones y enredos que llevaron a Athos, Porthos y Aramis a retar a duelo al pobre joven.

Cada uno decidió batirse por él por separado.

3

D'Artagnan no conocía a nadie en París, así que acudió a la cita sin llevar padrino.

Debía batirse a duelo tres veces, una vez con cada mosquetero. Aunque sentía que su muerte era inevitable, estaba resuelto a cumplir con su destino. Entonces recordó las palabras de su padre: «No aguantes nada de nadie salvo del rey, el cardenal y el señor de Tréville.»

Llegó a los jardines del monasterio de los Carmelitas

Descalzos a la hora fijada. Los tres mosqueteros lo esperaban.

Cuando le preguntaron a D'Artagnan que por qué no había llevado padrino, como lo exige la costumbre, les dijo:

—Yo no tengo padrinos, señores, apenas llegué ayer a Paris y todavía no conozco a nadie. Sólo al señor de Tréville, a quien le fui recomendado por mi padre, uno de sus mejores amigos.

—¿No conoces a nadie más que al señor de Tréville? —preguntó Athos sorprendido.

—No, nadie más que él... Y ahora… ¡en guardia!

Al decir estas palabras, D'Artagnan sacó su espada y la levantó contra los tres mosqueteros con valentía.

—Yo primero –dijo Athos poniéndose en guardia.

El duelo se inició. Pero apenas se cruzaron sus hierros se acercó una cuadrilla de guardias del cardenal. Estaba comandada por el capitán de Jussac, jefe de los guardias del cardenal y una de las primeras espadas del reino.

—¡Vienen los guardias del cardenal! —gritaron a la vez Porthos y Aramis al verlos. Por supuesto, ellos sabían que estaba prohibido batirse a duelo en la ciudad y que podrían ser arrestados por ello—. ¡Athos! ¡D'Artagnan! ¡Bajen sus armas! ¡Bájenlas rápido!

Pero ya era demasiado tarde. El capitán de Jussac había visto a Athos y D'Artagnan comenzar el duelo y decidió hacer algo al respecto. Enseguida dio la orden de arrestarlos por romper las leyes de la ciudad. Pero una cosa fue decirlo y otra hacerlo.

Athos, Porthos, Aramis y D'Artagnan se enfrentaron juntos a los guardias del cardenal, quienes fácilmente fueron derrotados.

Los mosqueteros quedaron sorprendidos al ver lo bien que D'Artagnan manejaba su espada. Sobre todo cuando lo vieron derrotar al capitán Jussac, quien era uno de los más destacados espadachines de toda Francia.

Ese día, el joven forastero se ganó el respeto y la amistad de los tres mosqueteros, quienes a partir de entonces se volvieron sus inseparables camaradas.

Y de este modo comenzó la larga serie de aventuras que llevó a D'Artagnan no sólo a convertirse en mosquetero, sino también en uno de los hombres más célebres y heroicos de toda Francia.

2-CINCO SEMANAS EN GLOBO

Julio Verne (1828-1905)

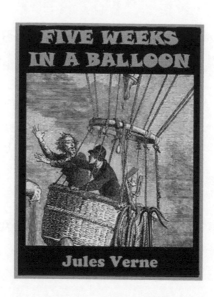

UNA INOLVIDABLE TARDE, el escocés Dick Kennedy fue a la estación del General Railway y tomó un tren a Londres. Cuando llegó el día siguiente, se veía muy nervioso y enfadado.

Tres cuartos de hora más tarde se bajó de un coche frente a la pequeña casa del doctor Samuel Fergusson, en la calle Greek de Soho Square.

Sin perder tiempo, Kennedy golpeó la puerta con fuerza y lo hizo repetidas veces.

Un minuto después, el doctor Fergusson abrió la puerta.

—¿Dick? —dijo sin mucho asombro.

—El mismo —respondió Kennedy.

—¿Cómo es posible, mi estimado Dick? ¿Tú en Londres durante la temporada de cacería de invierno?

—Sí, decidí venir a Londres.

—¿Y qué es lo que te trae por aquí?

—Pues, ¡la necesidad de evitar una locura que no tiene nombre!

—¿Una locura? –preguntó el doctor.

—¿Es verdad lo que dicen las noticias? –respondió Kennedy, mostrándole una copia del Daily Telegraph.

—¡Ah! ¿A eso te refieres? ¡Qué indiscretos son los periódicos! Pero, entra y toma asiento, Dick...

—No deseo sentarme. ¿Es verdad que tienes la intención de hacer ese viaje?

—Por supuesto. Estoy haciendo los preparativos...

—¿Qué preparas? ¡Quiero hacerlo pedazos!

El escocés estaba realmente furioso.

—Calma, mi querido Dick —respondió el doctor—. Comprendo que estés molesto. Te sientes ofendido porque todavía no te he contado nada sobre mis nuevos proyectos.

—¡Y a eso llamas nuevos proyectos!

—Yo estaba muy ocupado –agregó Samuel Fergusson sin permitir interrupciones—, he tenido que encargarme de muchos asuntos. Pero, tranquilízate, no me hubiera ido sin antes escribirte...

—¡Bah ¡No me hagas reír!

—...porque tengo intención de llevarte conmigo.

El escocés saltó como un camello.

—¿Así que eso piensas? —respondió—. ¿Estás buscando que nos encierren a los dos por locos en el sanatorio de Bethelhem

—Positivamente cuento contigo, estimado Dick. Y te elegí a ti en vez de numerosos aspirantes.

Kennedy se sorprendió mucho al escuchar estas palabras.

—¿Qué dices?

—Escúchame durante diez minutos, por favor Dick, cuando lo hagas me lo agradecerás.

—¿Hablas en serio, Samuel?

—Hablo muy en serio.

—¿Y si me niego a acompañarte?

—No te negarás.

—Pero ¿y si me niego?

—Entonces me iré solo.

—Ahora sí necesito sentarme —dijo el escocés soltando un suspiro—. Mejor hablemos con calma. Si realmente hablas en serio, entonces vale la pena que discutamos el asunto.

—Discutámoslo durante el almuerzo, si no tienes inconvenientes, mi estimado Dick.

UN SORPRENDENTE PLAN

Los dos amigos conversaron después de sentarse a la mesa, compartiendo unos emparedados y varias tazas de té.

—Amigo Samuel —dijo el escocés después de escuchar a su amigo—, tu proyecto es una locura. ¡Es imposible llevarlo a cabo! ¡Es irrealizable, bajo todo punto de vista!

—Eso lo veremos después de intentarlo.

—Eso es, precisamente, lo que no hay que hacer… ¡No debes intentarlo!

—¿Por qué?

—¿Has pensado en los peligros y obstáculos?

—Los obstáculos —contestó gravemente Fergusson— se inventaron para ser vencidos. Y en cuanto a los peligros, ¿quién está seguro de no tenerlos? Todo en la vida encierra algún peligro. Puede haber peligro al sentarse a la mesa o al ponerse el sombrero; además, todo lo que sucederá ya es parte de lo que va a suceder, como si ya hubiera sucedido, y ver el presente en el futuro, ya que el futuro no es más que un presente algo distante.

~¿Qué dices? —repuso Kennedy, encogido de hombros—. Eres un fatalista.

—Fatalista en el buen sentido de la palabra. No nos preocupemos por lo que el destino nos depara y nunca olvidemos el buen proverbio inglés: «Haga lo que haga, no se ahogará quien ha nacido para ser ahorcado.»

No pudo responderle, lo cual no evitó que Kennedy le explicara una serie de asuntos que son fáciles de entender, pero demasiado extensos para reproducirlos aquí.

—En fin —dijo después de discutirlo por más de una hora —, si insistes en atravesar África, si eso es necesario para tu felicidad, ¿por qué no usas las vías tradicionales?

—¿Por qué? —respondió el doctor con ánimo—. ¡Porque hasta ahora todos los intentos de lograrlo han fracasado! ¡Porque lo que no puede lograrse de una manera, debe intentarse de otra! ¡Y porque cuando uno no puede atravesar algo, es mejor dar la vuelta o pasar por encima!

—¡El problema no es atravesarlo! —replicó Kennedy—. ¡También podemos caernos!

—Tienes razón–dijo el doctor con sangre fría—. Pero, ¿qué puedo temer? Como podrás suponer, yo he tomado las precauciones necesarias para no caernos del globo. Y si éste llegara a fallar, descendería a tierra y continuaríamos el viaje en idénticas condiciones que lo han hecho los demás exploradores. Sin embargo, mi globo no fallará. ¡Ni siquiera considero esa posibilidad!

—Pues, es necesario considerarla.

—No, amigo Dick. No pienso separarme de mi globo hasta alcanzar la costa occidental de África. Cruzaré el continente africano sin detenerme. Volaré sobre ciudades desconocidas. Volaré con la rapidez del huracán… y el mapa de África se abrirá ante mis ojos…

CRECE EL ENTUSIASMO

Al escuchar las palabras del doctor, el buen Kennedy comenzó a emocionarse. Y sin embargo, tan sólo al pensar en el vuelo sentía vértigo. Observaba a Samuel con admiración, pero también con miedo. ¡Le parecía que ya estaban flotando en el espacio!

—Veamos —dijo—., reflexionemos un poco, amigo Samuel. ¿Has hallado pues, el medio de dirigir los globos?

—Por supuesto que no. Es una utopía.

—Entonces, irás...

—A donde quiera la Providencia; pero será del este al oeste.

—¿Por qué?

—Porque me valdré de los vientos Alisios, cuya dirección es constante.

—¡Es cierto! —exclamó Kennedy, reflexionando—. Los vientos alisios... Seguramente... En teoría, se puede... Algo hay...

—¡Si hay algo! No, amigo mío, hay más que algo. El Gobierno inglés ha puesto un transporte a mi disposición, y además ha decidido que tres o cuatro buques naveguen por la costa occidental en tiempos de mi presunta llegada. En tres meses, a más tardar, estaré en Zanzibar, donde inflaré mi globo y desde allí nos lanzaremos...

Y así, comenzó la increíble aventura de estos dos hombres, destinados a cruzar el continente africano durante cinco semanas en globo.

3-TARZÁN DE LOS MONOS

Edgar Rice Burroughs (1875-1950)

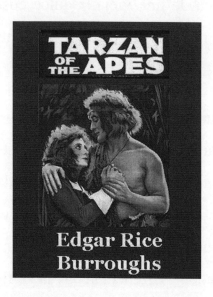

ESCUCHÉ ESTE RELATO de boca de un hombre que no tenía motivos para contármelo, ni a mí ni a nadie.

Quizás decidió confiar en mí porque estaba bajo la influencia etílica de una vieja y dulce cosecha. Y como yo me mostré tan incrédulo, terminó contándome todos los detalles.

Cada vez que yo dudaba sobre de la veracidad de su historia, retomaba su relato. Llegó a mostrarme algunos documentos que demostraban la veracidad de aquella singular leyenda, incluyendo un antiguo y mohoso manuscrito junto con algunos expedientes llenos de polvo, los cuales pertenecían a la Oficina Colonial Británica.

No puedo asegurar que la historia sea completamente cierta, ya que no fui testigo presencial de la misma. Por eso emplearé nombres ficticios para señalar a los protagonistas de este relato que, en mi opinión, podría ser cierto.

Las carcomidas y amarillentas páginas del diario de un hombre fallecido hace muchos años y los documentos de la Oficina Colonial Británica coinciden con el relato que escuché.

Después de analizar estos documentos, escribo estas palabras. Y si no les parecen dignas de crédito, al menos convendrán conmigo en que es un una historia única, extraordinaria y muy interesante…

LA INCREÍBLE HISTORIA

Todo comenzó en pleno corazón de África, el día que Kala, una enorme mona salvaje, halló un bebé humano abandonado en medio de la selva.

Cuando la mona escuchó su llanto por primera vez su llanto, corrió hacia el pequeño y al sólo y abandonado, lo tomó entre sus brazos y lo amamantó. Inmediatamente, el niño dejó de llorar.

El instinto maternal de aquella mona era tan fuerte que desde ese día ella cuidó de aquel cachorro como si fuera suyo, sin saber que era el hijo legítimo de un lord inglés y una dama inglesa.

Durante los siguientes meses, Kala crió al pequeño con mucho amor y ternura.

Ella no entendía por qué no tenía la misma agilidad y fuerza física de los otros monos de su edad. Aunque casi había transcurrido un año desde que lo tenía en su poder, ¡el cachorro apenas caminaba y no sabía trepar!

A veces, Kala discutía este hecho con las hembras mayores, pero ninguna entendía cómo era posible que aquel jovencito tardara tanto en aprender a cuidarse y valerse por sí mismo.

¡Ni siquiera era capaz de hallar alimentos sin ayuda!

Si ella hubiera sabido que el niño ya tenía trece meses cuando ella lo consiguió, hubiera concluido que era un caso perdido y sin esperanza.

¡Todos los monitos de un año estaban más adelantados que él, que ya tenía más de dos!

Tublat, el compañero de Kala, se sentía herido y humillado y de no ser porque ella siempre lo estaba vigilando, él se hubiera librado del niño.

—Nunca será un gran mono —afirmaba—. Siempre tendrás que llevarlo de un lado a otro y continuamente tendrás que protegerlo. ¿Cómo le servirá a la tribu? De ninguna manera. Solamente será una carga. Será mejor abandonarlo, dejarlo dormido tranquilamente entre la alta maleza. Así podrás tener otros hijos, más fuertes, que puedan protegernos durante nuestra vejez.

—Eso jamás, Nariz Partida —replicó Kala—. Si debo llevarlo a cuestas toda mi vida, lo llevaré.

Tublat recurrió entonces a Kerchak, al quien instó a emplear su autoridad sobre Kala y obligarla a renunciar al débil infante Tarzán, nombre que le dieron al pequeño lord Greystoke, el cual significa «Piel Blanca».

Pero cuando Kerchak mencionó el asunto ante Kala, ella amenazó con abandonar la tribu si no la dejaban en paz con la criatura. Y como ese era uno de los derechos inalienables de los habitantes de la selva, el derecho de vivir a gusto en su propia tribu, prefirieron no molestarla, porque Kala era una hembra joven, atractiva, bien proporcionada y esbelta, y no querían perderla.

A medida que Tarzán fue creciendo, sus zancadas aumentaron con rapidez y, al cumplir los diez años, ya era un excelente trepador. Además, cuando estaba sobre el suelo, era capaz de llevar a cabo una infinidad de maravillas que sus hermanitos eran incapaces de imitar.

Se diferenciaba de ellos en muchos aspectos y, aunque era inferior en tamaño y fortaleza, a menudo los dejaba perplejos con su astucia. Porque a los diez años los grandes antropoides estaban en su plenitud física y algunos medían cerca de un metro noventa de estatura, mientras que el pequeño Tarzán sólo era un muchacho en la mitad de su desarrollo.

¡Pero qué muchacho!

Desde la más tierna infancia se había valido de las manos para brincar de una rama a otra, como lo hacía su gigantesca madre, y durante toda su niñez a diario pasaba horas y horas desplazándose con sus hermanos a toda prisa por las copas de los árboles.

Podía recorrer de un salto un espacio de siete metros, en las alturas de la selva, sin sentir el menor vértigo, y agarrarse con absoluta precisión y perfecta suavidad a una oscilante rama impulsada fuertemente por los enérgicos vientos de un inminente huracán.

Era capaz de bajar y saltar siete metros de una rama a otra, en rápido descenso hasta el suelo, y con la ligereza de una ardilla coronar la cima más alta del árbol más alta de la selva tropical.

Sólo tenía diez años, pero ya era tan fuerte como un hombre normal de treinta y era más ágil que la mayoría de los atletas. Y con cada día su fortaleza aumentaba…

UN TERRIBLE DESCUBRIMIENTO

Un día, el joven Tarzán de los Monos, escuchó un fuerte grito en medio de la selva y se acercó para ver de qué se trataba.

Era un grupo de eufóricos cazadores que venía del norte. Era la primera vez que Tarzán veía otros seres humanos y sintió una gran curiosidad. Ellos llevaban consigo un animal que se resistía con tanta fuerza que tenían que llevarlo a rastras.

Después de seguirlos sin ser visto, aquellos los hombres entraron a una aldea. Y entonces, al ver la presa que habían atrapado, Tarzán quedó perplejo: ¡Aquella víctima era un hombre!

Aquellos hombres arrastraron al prisionero, quien continuaba resistiéndose, mientras que las mujeres y los niños de la aldea le pegaban con palos y piedras. ¡Nunca había visto a un animal tratar con crueldad a otro miembro de la misma especie!

De todos los habitantes de la selva, sólo Sheeta, el leopardo, torturaba a sus presas. El sentido ético impulsaba a los demás a brindarle a sus víctimas una muerte rápida y caritativa… ¡No lo podía creer!

Y así, el joven Tarzán de los Monos comprendió que, en vez de ser un simio diferente a los demás, realmente pertenecía a la especie más cruel y temible del mundo... Y huyendo a toda prisa, se escondió en lo más profundo de la selva, intentando dejar atrás su terrible descubrimiento con la esperanza de olvidarlo para siempre...

4-LA METAMORFOSIS

Franz Kafka (1883-1924)

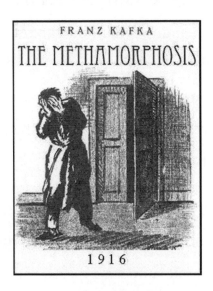

CUANDO GREGOR SAMSA despertó esa mañana, después de un sueño intranquilo, se halló sobre su cama convertido en un monstruoso insecto.

Estaba acostado sobre su espalda dura y en forma de caparazón. Y cuando levantó su cabeza un poco, vio un vientre abombado y parduzco. Estaba cruzado por corazas duras en forma de arco, sobre la cual apenas podía mantenerse su manta, la cual estaba a punto de resbalar al suelo.

Sus numerosas patas, ridículamente pequeñas comparadas con el resto de su cuerpo, se agitaban descontroladamente ante sus ojos.

«¿Qué me pasó?», pensó. No era un sueño. Su habitación, una verdadera habitación humana, aunque un poco pequeña, seguía con la misma tranquilidad de siempre, entre las cuatro paredes que tanto conocía.

Por encima de la mesa, sobre la cual había un muestrario de paños desempaquetados —Samsa era un vendedor ambulante—, seguía colgado el cuadro que poco antes recortó de una revista y colocó en un bonito marco dorado.

Mostraba una dama vestida con un sombrero y una piel de "boa", estaba allí, sentada muy erguida y levantando hacia el observador un pesado manguito de piel, en el cual desaparecía su antebrazo.

Después la mirada de Gregor se volvió hacia la ventana y observó el clima lluvioso mientras escuchaba las gotas de lluvia golpeando contra la ventana, lo cual le causaba tristeza.

«¿Qué sucederá —pensó — si sigo durmiendo un poco más y me olvido de esta locura?».

Pero aquello le resultó absolutamente imposible, ya que él estaba acostumbrado a dormir acostado del lado derecho, y en su actual estado no logró colocarse de ese lado.

Aunque se impulsó hacia el lado derecho con mucha fuerza, una y otra vez, volvía a balancearse hasta quedar sobre su espalda.

Lo intentó cien veces, cerrando los ojos para no tener que ver el pataleo de sus extremidades, y sólo dejó de intentarlo cuando sintió en su costado un dolor leve y sordo que nunca antes había experimentado.

Mientras reflexionaba con rapidez sobre lo sucedido, todavía sin poder abandonar la cama —en este instante el despertador daba las siete menos cuarto—, tocaron con cautela la puerta que estaba a la cabecera de su lecho.

—Gregor —dijeron (era la madre)—, son las siete menos cuarto. ¿No ibas a salir de viaje?

¡Qué voz tan dulce!

Gregor sintió temor cuando respondió: oyó una voz que, aunque evidentemente era la suya, se mezclaba con un doloroso e inevitable chillido que parecía salir de lo profundo, el cual primero dejaba salir las palabras claramente para después, al continuar el sonido, romperlas a tal punto que ya no parecían sonar bien.

Gregor hubiera querido responderle y contarle los detalles de lo que le sucedía, pero en estas circunstancias se limitó a decir:

—Sí, sí, gracias madre, me levantaré enseguida.

Es probable que la puerta de madera impidiera que se notara el cambio en la voz de Gregor, porque la madre se tranquilizó con su respuesta y se marchó.

Sin embargo, aquel breve diálogo hizo que los demás miembros de su familia se dieran cuenta de que Gregor, en contra de todo lo esperado, todavía estaba en casa, y pronto el padre tocó una de las puertas laterales con el puño, aunque suavemente.

—¡Gregor, Gregor! —gritó—. ¿Qué sucede? –después de breves instantes insistió de nuevo, levantando la voz—. ¡Gregor, Gregor!

Detrás de la otra puerta lateral, su hermana se lamentó en voz baja.

—Gregor, ¿no te sientes bien?, ¿necesitas algo?

Gregor respondió hacia ambos lados:

—Ya estoy listo —y, pronunciando con el mayor cuidado posible y haciendo largas pausas después de cada palabra, se esforzó por evitar que su voz llamara la atención.

Su padre se fue a desayunar, pero su hermana le susurró:

—Gregor, abre, te lo ruego —pero Gregor no tenía la más mínima intención de abrir. En vez de ello, elogió las puertas que él había comprado durante sus viajes, las cuales podían cerrarse, incluso estando en casa.

Al principio él pretendía levantarse y vestirse con tranquilidad y sin que lo molestaran, y sobre todo ir a desayunar, para luego pensar en el resto, porque si seguía en cama, eso ya lo sabía, nunca alcanzaría una conclusión sensata por más que lo pensara…

«Ya son las siete», se dijo al escuchar al despertador sonando nuevamente, «Ya son las siete y todo sigue nublado».

Por un instante permaneció tumbado, tranquilo, respirando débilmente, como si esperara que el silencio absoluto le devolviera su estado real y cotidiano.

Pero después se dijo:

«Sea como sea, necesito abandonar la cama antes de las siete y cuarto. Para entonces alguien del almacén ya habrá venido a preguntar por mí, porque el almacén abre antes de las siete.»

Y entonces, con movimientos regulares, comenzó a balancearse, a pesar del gran tamaño de su cuerpo, con la finalidad de salir de la cama.

Si de esta manera lograba caer de ella, su cabeza, la cual pretendía levantar con todas sus fuerzas durante la caída, probablemente resultaría ilesa.

Su espalda parecía ser fuerte y seguramente no le pasaría nada cuando cayera sobre la alfombra.

Lo más difícil, en su opinión, sería evitar el ruido que produciría al caer, lo cual posiblemente causaría temor, o al menos preocupación, del otro lado de las puertas. Sin embargo él tenía que intentarlo...

Gregor se acercó a la puerta lentamente, apoyado en la silla y ahí la soltó, se lanzó contra la puerta y permaneció erguido sobre ella –las callosidades de sus pequeñas patas estaban provistas de una substancia pegajosa— y allí, por un momento, descansó de su esfuerzo.

Luego intento girar con su boca la llave que estaba en la cerradura. Por desgracia, no parecía tener dientes propiamente dichos ¿con qué agarraría la llave?

Pero sus mandíbulas, por el contrario, eran muy poderosas. Gracias a ellas, finalmente logró girar la llave, mientras temblaba. ¡Jamás había sentido tanto miedo! ¡Nunca tanto como el día de su monstruosa metamorfosis!

Spanish Lite Series

5-CUMBRES BORRASCOSAS

Emily Brontë (1818-1848)

FINALMENTE HOY CONOCÍ a mi nuevo casero. Algo me dice que tiene mal carácter y que yo le daré más de una razón para molestarse.

En este hermoso lugar, más agradable de lo que ningún misántropo podría hallar en toda Inglaterra, el señor Heathcliff y yo hubiéramos sido buenos amigos. Parece ser un hombre extraordinario y me escuchó calmadamente, hundiendo sus manos en los bolsillos de su chaleco cuando abrió su puerta de su pequeña casa y le pregunté:

—¿El señor Heathcliff?

Él afirmó con la cabeza.

—Soy Lockwood, su nuevo inquilino. Espero que no le haya molestado por mi insistencia en alquilar la «Granja de los Tordos».

—Es mi propiedad —respondió secamente—, así que no dejo que nadie me moleste, a menos que yo lo permita. Pase…

Pronunció aquel «pase» entre dientes, como si quisiera mandarme al diablo, y no abrió la puerta para confirmar lo que decía.

Eso bastó para que yo decidiera entrar, interesado en aquel personaje que parecía ser más reservado que yo mismo...

LA «GRANJA DE LOS TORDOS»

Cuando terminamos de conversar y regresé a mi nueva casa, conocida como la «Granja de los Tordos», me encontré con el ama de llaves, la señora Dean. Le pregunté por qué el señor Heathcliff, siendo dueño de tantas tierras, vivía en una casa tan pequeña y fea.

—¿No es un hombre rico? –pregunté.

—¿Rico? Nadie sabe cuánto dinero posee, pero tiene mucho. Además, todos los años lo multiplica. Es tan rico como para vivir en una casa aún mejor que ésta, pero es... muy ahorrativo... Apenas escuchó hablar de un buen inquilino para la «Granja», no quiso desaprovechar la ocasión de ganar unos cuantos cientos de libras más. No entiendo cómo él puede ser tan codicioso estando tan solo en la vida.

—¿No tuvo un hijo?

—Sí, pero murió.

—Y la señora Heathcliff, aquella muchacha, ¿es la viuda?

—Sí.

—¿De dónde es?

¡Es hija de mi difunto amo! De soltera se llamaba Catalina Linton. Yo la crie. Hubiera querido que el señor Heathcliff se viniera a vivir aquí, para poder estar juntas otra vez.

—¿Catalina Linton? —exclamé con asombro. Más tarde, al reflexionar, entendí que no podía ser la misma Catalina Linton de la habitación en la que yo había dormido —. ¿Entonces el antiguo habitante de esta casa se llamaba Linton?

—Sí, señor.

—¿Y quién es Hareton Eamshaw, ese que vive con Heathcliff? ¿Son familiares?

—Hareton es sobrino de la difunta Catalina Linton.

—¿Primo de la joven, entonces?

—Sí. Su marido también era primo suyo. Uno por parte de madre, otro por parte de padre. Heathcliff estuvo casado con la hermana del señor Linton.

—En la puerta principal de «Cumbres Borrascosas» vi una inscripción que dice: «Earnshaw, 1500». Supongo que se trata de una familia muy antigua...

—Muy antigua, señor. Hareton es su último descendiente, y Catalina la última de nosotros... quiero decir, de los Linton... ¿Usted ya visitó «Cumbres Borrascosas»? Perdone mi curiosidad, pero me gustaría cómo le pareció la señora.

—La señora Heathcliff me pareció muy hermosa. Sin embargo, pienso que no es feliz.

—¡Oh, Dios mío, eso no es extraño! ¿Y qué le pareció el señor Heathcliff?

—Me parece una persona bastante áspera, señora Dean.

—Es tan áspero como el filo de una sierra, ¡y tan duro como un yunque!

—Seguramente tuvo muchos problemas durante su vida para haber cambiado de ese modo... ¿Usted conoce su historia?

—La conozco por completo, excepto quiénes fueron sus padres y dónde obtuvo su primera fortuna...

—Vaya, señora Dean, haga una buena obra y cuénteme algo de su historia. Si me acuesto ahora, no podré dormir. Así que tome asiento y hablemos un rato...

—¡Oh, sí, señor! Precisamente debo coser varias prendas. Me sentaré con usted mientras lo hablamos. Pero usted está tiritando de frío y me parece que primero iré a prepararle algo.

La buena señora se marchó a la cocina y yo me senté cerca de la chimenea. Me ardía la cabeza y tenía helado el resto del cuerpo. Estaba alterado y tenía los nervios muy tensos.

El ama de llaves regresó enseguida, trayendo consigo una taza humeante y un costurero.

Colocó el recipiente sobre el estante de la chimenea y tomó asiento, con aire de satisfacción, sin dudas porque había encontrado un caballero interesado en escuchar su historia.

—Antes de venirme a vivir aquí —comenzó sin esperar que volviera a pedírselo—, yo viví casi siempre en «Cumbres Borrascosas». Mi madre crió a Hindley Earnshaw, el padre de Hareton, y yo solía jugar con los niños. Andaba por toda la finca, ayudaba en las tareas y hacía los mandados que me confiaban.

"Una hermosa mañana de verano —recuerdo que ya estaba a punto de comenzar la cosecha— el señor Earnshaw, el antiguo amo, bajó la escalera en ropas de viaje, giró instrucciones a José sobre las faenas del día, y dirigiéndose a Hindley, a Catalina y a mí, quienes desayunábamos juntos, le preguntó a su hijo:

"—¿Qué deseas que te traiga de Liverpool, pequeño? Elige lo que quieras, con tal de que no sea muy grande, porque debo ir y volver andando, y son sesenta millas de caminata...

"Hindley le pidió un violín, y Catalina, quien aún no cumplía seis años y ya montaba todos los caballos de la cuadra, le pidió un látigo. A mí, el señor prometió traerme peras y manzanas. Era amable, aunque un poco severo.

"Luego besó a los niños, y se fue.

"En los tres días de su ausencia, la pequeña Catalina no hacía más que preguntar por su padre. La noche del tercer día, la señora esperaba que su marido regresara a tiempo para la cena, y la postergó durante horas y horas. Los niños se cansaron de tanto ir a las rejas para ver si su padre llegaba.

"Oscureció y cuando la señora quiso acostar a los niños ellos le suplicaron que les dejara esperar. A las once, finalmente llegó el señor. Se tumbó sobre una silla, comentando entre risas y quejas que jamás volvería a hacer una caminata tan larga, ni siquiera a cambio de todo lo que había en los tres reinos de Gran Bretaña.

"—Pensé que reventaría –él agregó abriendo su gabán—. Mira lo que te traje, mujer. Nunca cargué un peso tan grande en toda mi vida: tómalo como un regalo de Dios, aunque, siendo tan negro, más bien parece haber sido enviado por el demonio.

"Lo rodeamos, y sobre la cabeza de Catalina pude ver a un sucio y andrajoso infante de negros cabellos. Aunque parecía mayor que Catalina, lo bastante crecido para andar y hablar, cuando quedó de pie en medio de todos, se quedó inmóvil, observándonos con turbación y hablando en una jerga inentendible. Nos asustamos y la señora quiso echarle de la casa. Entonces le preguntó al amo cómo se le había ocurrido traer a aquel gitanito, cuando ya ellos tenían hijos propios que criar. ¿Qué significaba aquello? ¿Se había vuelto loco?

El señor intentó explicarle lo ocurrido, pero como estaba tan cansado y ella no dejaba de reprenderle, yo sólo entendí que el amo había encontrado aquel chiquillo hambriento y sin hogar ni familia en las calles de Liverpool, y había decidido tomarlo y traerlo consigo.

"La señora terminó por calmarse y el señor Earnshaw me ordenó que lo bañara, lo vistiera con ropas limpias y lo acostara en la habitación de los niños.

"Hindley y Catalina estuvieron escuchando hasta que regresó la tranquilidad. Y entonces comenzaron a buscar en los bolsillos de su padre los obsequios prometidos.

6-FRANKENSTEIN

Mary W. Shelley (1797-1851)

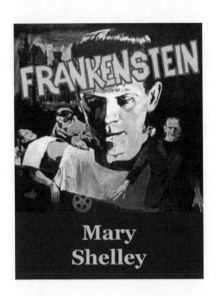

ESTE RELATO SE BASA en un hecho catalogado por el doctor Darwin y otros fisiólogos alemanes como algo posible. No quiero que piensen que yo creo en lo más mínimo en tales fantasías; aunque reconozco que como obra de la imaginación no me he limitado simplemente a enlazar, unos con otros, una serie de terrores de orden sobrenatural…

EL MISTERIO DE LA VIDA

Desde que era joven, siempre me pregunté de dónde surge la vida. Era una pregunta atrevida, ya que siempre se ha considerado un misterio sagrado. Sin embargo, ¡cuántas cosas estaríamos a punto de descubrir si nos atreviéramos a dejar a un lado nuestros prejuicios y creencias!

Por me dediqué a estudiar las ramas de la filosofía natural relacionadas con la fisiología: ¡Para resolver el misterio de la vida a cualquier precio!

Pronto comprendí que para conocer los orígenes de la vida, primero debemos conocer los orígenes la muerte. Primero estudié a las plantas, animales y humanos muertos, observando la descomposición natural y la putrefacción del cuerpo humano.

Mi padre, al educarme, me preparó para no temerle a los sobrenatural. Nunca creí en las supersticiones ni en los cuentos de fantasmas. La oscuridad no alteraba mi imaginación. Y para mí, los cementerios sólo eran el lugar donde yacen los cuerpos sin vida, que después de poseer fuerza y belleza sólo eran pasto de gusanos.

MI MONSTRUOSA CREACIÓN

Después de trabajar durante años, durante los cuales me entregué en cuerpo y alma a mi objetivo, armé un cuerpo con partes de varios cadáveres humanos y decidí darle vida. No fue nada fácil. Pero finalmente, una inquietante noche de noviembre, alcancé el objetivo de mis esfuerzos.

Con una ansiedad similar a la agonía, tomé los instrumentos que me permitirían infundirle un hálito de vida a aquella cosa inerte que yo había armado y que estaba ante mis ojos

Era la una de la madrugada. La lluvia golpeaba las ventanas lúgubremente, y ya la vela casi se había consumido, cuando, ante la débil luz de la flama, vi cómo la criatura abrió sus ojos amarillentos y apagados.

Respiró profundamente y sacudió su cuerpo con movimientos convulsivos.

¿Cómo expresar lo que sentí ante esta calamidad, o describir el monstruo que había creado con tanto esfuerzo y trabajo infinito?

Tenía sus miembros bien proporcionados y había seleccionado sus rasgos por parecerme bellos. ¡Bellos!: ¡Santo cielo! Su amarillenta piel apenas cubría sus pronunciados músculos y arterias; su cabello era negro, largo y radiante, los dientes muy blancos; pero esto sólo resaltaba el horrible contraste de sus ojos vidriosos, que casi eran del mismo color de las pálidas órbitas en los que se hundían, su cara arrugada, y sus labios delgados y negruzcos.

La vida no cambia tanto como los sentimientos humanos. Por casi dos años trabajé sin descanso, con el único propósito de infundirle vida a un cuerpo inerte. Y a tal fin me privé de descanso y de salud.

Lo había deseado con un fervor más que moderado; pero ahora que lo había logrado, la belleza del sueño se disipaba y me abrumaba la repugnancia y el horror.

Sin poder soportar la presencia de aquella criatura que había creado, abandoné el lugar con rapidez. Una vez en mi habitación, me dediqué a caminar en círculos sin poder conciliar el sueño.

Finalmente, el cansancio fue más grande que mi agitación, y me acosté vestido sobre la cama, intentando hallar algunos momentos de olvido. Pero fue en vano; logré dormir, pero tuve horribles pesadillas.

Vi a Elizabeth, con rebosante salud, paseando por las calles de Ingolstadt. La abracé sorprendido y feliz, pero apenas mis labios rozaron los suyos, palidecieron con el tinte de la muerte; su rostro pareció cambiar, y tuve la sensación de abrazar el cadáver de mi madre entre mis brazos; envuelto en una sábana, con gusanos que reptaban entre los pliegues de la tela.

Desperté horrorizado; con la frente bañada de un sudor frío, los dientes tiritando y las extremidades temblando convulsivamente.

Bajo la pálida y amarillenta luz de la luna, que se filtraba por las ventanas, vi al engendro, al monstruo miserable que yo había creado.

Había levantado la cortina de la cama, y sus ojos, si es que así podían llamarse, me miraban fijamente. Entreabrió su mandíbula y murmuró unos sonidos inentendibles, arrugando su rostro con una mueca. Es posible que haya dicho algo, pero no pude escucharlo.

Extendió una mano hacia mí, como si quisiera agarrarme, pero la esquivé y precipitadamente corrí escaleras abajo. Me refugié en el patio de la casa, donde me quedé el resto de la noche, caminando arriba y abajo, con honda preocupación, escuchando con atención, temiendo que cada ruido me anunciara la llegada del demoníaco cadáver al que tan fatalmente yo le había dado vida.

¡Ay!, Ningún mortal podría soportar el horror inspirado por aquel rostro. Ni siquiera una momia reavivada podría ser tan horripilante como lo era aquel engendro.

Yo lo observé cuando todavía estaba incompleto, y en aquel entonces ya era repugnante; pero cuando sus músculos y articulaciones adquirieron movimiento, se transformó en algo que ni siquiera Dante hubiera podido imaginar… Y entonces comprendí que los sueños por los que tanto trabajé se habían convertido en un infierno!

ABOUT THE AUTHOR

ÁLVARO PARRA PINTO is a literary author and journalist born in Caracas, Venezuela (1957). He is the editor of the South American publishing company EDICIONES DE LA PARRA and has published several of his books in Kindle format, including his bestselling series SELECTED READINGS IN EASY SPANISH. Especially designed for the intermediate language student, each volume of this series is written in simple, easy Spanish.

AMAZON AUTHOR PAGE:
http://amazon.com/author/alvaroparrapinto

Contact the Author:
ineasyspanish@gmail.com

Twitter Account:
@ineasyspanish

Published by: Ediciones De La Parra
http://www.edicionesdelaparra.com*Copyright © Alvaro Parra Pinto 2012. All Rights Reserved.*

THANK YOU!

Thanks a lot for reading this book!

Our main goal is to help intermediate-level readers like you, by providing simple, selected readings in easy Spanish at low prices!

If you liked this product, please give us a minute and leave your review in Amazon:

PLEASE LEAVE YOUR REVIEW!

AND CHECK OUT THE REST OF THE VOLUMES OF THE SPANISH LITE SERIES!

SPANISH LITE SERIES: VOL. 1

***The Three Musketeers by Alexandre Dumas**
*Tarzan Of The Apes by Edgar Rice Burroughs
*The Metamorphosis by Franz Kafka
*Five Weeks In A Balloon by Julius Verne.
*Wuthering Heights by Emily Brontë
*Frankenstein by Mary Shelley

SPANISH LITE SERIES: VOL. 2

*Dracula by Bram Stoker
*The Miserables by Victor Hugo.
*Don Quixote by Miguel de Cervantes
*Gulliver´s Travels by Jonathan Swift
*A Study in Scarlett by Sir Arthur Conan Doyle
*Jane Eyre by Charlotte Brontë

SPANISH LITE SERIES: VOL. 3

*Arabian Nights (Anonymous)
*The Jungle Book by Rudyard Kipling
*David Copperfield by Charles Dickens
*From The Earth To The Moon by Jules Verne
*Treasure Island by Robert Louis Stevenson
*The Origin of Species by Charles Darwin

SPANISH LITE SERIES: VOL. 4

*The Wise King by Khalil Gibran
*After Twenty Years by O Henry.
*Robinson Crusoe by Daniel Defoe
*Pride and Prejudice by Jane Austen
*The Bronze Statue by Juan Vicente Camacho
*The Art of War by Sun Tzu

SPANISH LITE SERIES: VOL. 5

*Journey To The Center Of The Earth by Jules Verne
*Aladdin´s Lamp (Anonymous)
*The Adventures of Tom Sawyer by Mark Twain
*Sandokan, The Malaysian Tiger by Emilio Salgari
*War and Peace by Leon Tolstoi
*The History of Herodotus by Herodotus

SPANISH LITE SERIES: VOL. 6

*20.000 Leagues Under The Sea by Jules Verne
*Conan The Barbarian by Robert E. Howard
*The Lost World by Sir Arthur Conan Doyle
*The Travels of Marco Polo by Marco Polo
*The Tortoise and The Hare by Aesop
*The Prince and The Pauper by Mark Twain

SPANISH LITE SERIES: VOL. 7

This volume includes a selection from the following best-sellers:
*A Connecticut Yankee in King Arthur´s Court by Mark Twain.
*The Hunchback of Notre Dame by Victor Hugo
Plus the COMPLETE & CONDENSED EDITION of:
*The Picture of Dorian Gray by Oscar Wilde

SPANISH LITE SERIES: VOL. 8

This volume includes the COMPLETE AND CONDENSED
EDITIONS of three famous TALES OF HORROR:
*The Dead Woman by Guy de Maupassant
*The Black Cat by Edgar Allan Poe
Plus the 1886 bestselling novel that shook the world:
*Dr. Jekyll and Mr. Hyde by Robert Louis Stevenson

SPANISH LITE SERIES: VOL. 9

*Robin Hood (anonymous)
*Mysterious Island by Jules Verne
*Africa by David Livingstone
*Madame Bovary by Gustave Flaubert
*The Trial by Franz Kafka
*The King´s Dream by Herodotus

SPANISH LITE SERIES: VOL. 10

This volume includes the COMPLETE AND CONDENSED VERSIONS of three famous VAMPIRE STORIES:
*Vampirette by E. T. A. Hoffmann.
*The Dead Lover by Théophile Gautier.
Plus the bestselling vampire novel:
*Dracula by Bram Stoker.

Spanish Lite Series

Ediciones De La Parra

Selected Readings in Easy Spanish is especially made for intermediate language students like you. Compiled, translated and edited by the Venezuelan bilingual journalist and literary author Alvaro Parra Pinto, editor of **Ediciones De La Parra.**

AMAZON AUTHOR PAGE:
http://amazon.com/author/alvaroparrapinto

CONTACT THE AUTHOR:
ineasyspanish@gmail.com

@ineasyspanish

PUBLISHED BY: EDICIONES DE LA PARRA
http://edicionesdelaparra.com

Copyright © Alvaro Parra Pinto 2012. All Rights Reserved.

Printed in Great Britain
by Amazon